ORGANISATION

DE L'INSTRUCTION

ET

DU TRAVAIL.

ORGANISATION

DE L'INSTRUCTION

ET

DU TRAVAIL,

Par M. BUDIN.

DOLE,

DE L'IMPRIMERIE DE PILLOT,

RUE DES ARÈNES, 19.

1848.

ORGANISATION

DE L'INSTRUCTION

ET

DU TRAVAIL.

Rien n'est durable contre le droit. L'édifice politique de 1830 était une œuvre caduque, transitoire : 1° Le Gouvernement ne peut être héréditaire, ni même viager ; il représente, à temps, la volonté de la Nation, dont la souveraineté est imprescriptible ; 2° dire qu'un roi n'est pas responsable, est une absurdité ; il serait, sans mérite ni démérite, sans honte ni gloire, un instrument, un automate, un esclave recevant des ordres et n'en donnant jamais ; la responsabilité remonte et ne descend pas ; 3° il n'y avait, en réalité, que deux pouvoirs, car la Chambre des pairs était indéfiniment à la nomination du roi, et représentait la pensée royale aussi bien que le ministère ; l'autre Chambre ne représentait que la fortune : Bourgeoisie et Noblesse. Ces deux pouvoirs, jusqu'à ce que l'un eût renversé l'autre, devaient être constamment en lutte et se réduire réciproquement à l'impuissance, soit pour le bien, soit pour le mal ; 4° l'édifice était bâti en l'air et ne reposait pas sur la Nation ; il n'abritait que 200,000 électeurs et leurs familles au milieu de 35,000,000 d'ames, etc.

Toutes ces fictions, ces vains rouages, ces minorités d'égoïsme, d'abaissement et de corruption, sont tombés sous le mépris public ; un coup de vent les a emportés. Il n'y a plus en France de noblesse, ni de bourgeoisie, ni de populace ; il ne reste qu'un grand peuple, 35,000,000 de citoyens, dont les droits sont égaux et seront également sauvegardés.

Neuf cents Représentants vont être élus par tous et investis de la Souveraineté nationale, pour dire les principes éternels qui régissent les peuples, les droits et les devoirs des hommes, la formation des lois et leur exécution.

Le suffrage universel est la loi des lois ; c'est le *rocher de diamant* sur lequel va s'asseoir la République. Le peuple, à la majorité des voix, délègue sa souveraineté, et ses délégués, aussi à la majorité, dictent la loi. Contre la volonté nationale exprimée ainsi, rien ne saurait prévaloir ; toute plainte ne sera qu'un enseignement pour l'avenir, toute résistance sera vaine et toute révolte étouffée.

Il ne faut pas qu'aucune atteinte soit portée à cette loi ; et qui exclurait-on ? — Les anciens électeurs à 200 francs ? ce serait une indigne représaille. Ne les a-t-on pas vus aux jours de février couvrir le peuple de leurs baïonnettes, et la noblesse n'était-elle pas aux barricades ? — Les paysans ? En effet, ceux-ci ont beaucoup souffert et souffriront encore sans se plaindre ; mais ce sont eux qui vous nourrissent et vous livrent tous les matériaux de vos industries ; ce sont eux qui vous défendent et qui savent mourir pour la Patrie sur les champs de bataille ! Plus d'exclusion.

La délégation de la Souveraineté nationale ne doit être faite que pour un temps limité. Des changements trop fréquents sont nuisibles ; mais on peut craindre que, par un long usage, le pouvoir n'oublie son origine, et ne s'inspire plus des vœux du peuple. Les époques et les formes des élections doivent être précises, et toute tentative par une masse quelconque de citoyens pour changer les gouvernants, hors de ces époques et de ces formes, sera une révolte contre l'ordre public, un crime de lèse-nation. Si le peuple s'est trompé dans ses choix, il subira la peine de son erreur jusqu'au temps fixé pour de nouvelles élections.

Que l'on établisse la séparation et l'indépendance des trois Pouvoirs législatif, exécutif et judiciaire :

1° Un Corps législatif unique, rétribué et renouvelé entièrement tous les trois ou quatre ans. Plus de dualité. Les sénats et les pairies n'ont jamais rendu le moindre service ; s'il y a deux Chambres, il y a deux droits ; il y a servilisme, ou lutte et combat. La France est une ; elle n'a qu'une volonté qui doit être irrésistible ; cette volonté est réfléchie et juste quand elle a été discutée et formulée par une réunion d'hommes éminents où se trouvent la richesse et la pauvreté, la jeunesse et l'âge mûr, la timidité et l'audace.

2° Au Pouvoir exécutif, un seul homme, responsable, mais fort et d'autant mieux armé qu'il n'aura pas le prestige des rois héréditaires, les courtisans, les révérences d'éducation et de commande. Que toutes les forces de la République soient réunies dans ses mains, et qu'il ait le choix de ses agents jusque dans les moindres communes. Loin de nous les Consulats et les Directoires, les délibérations et les opinions à compter quand il faut agir. Si le Chef du pouvoir a besoin de délibérer, il réunira ses ministres ou le Conseil d'État.

3° Au sommet de la Magistrature judiciaire, un chef unique, responsable, nommant et instituant les juges, même dans l'ordre administratif. Les juges doivent être inamovibles et ne représenter que la loi.

Ces trois Pouvoirs distincts ne doivent pas émaner l'un de l'autre ; ainsi, l'Assemblée législative ne pourra nommer ni le Chef de l'État, ni le Chef de la justice, et réciproquement. Pour que chacun d'eux agisse, dans sa sphère, avec une indépendance réelle, il doit être choisi par le souverain réel, qui est le peuple.

La Constitution établit les pouvoirs et proclame les principes généraux ; mais il ne suffit pas que ces principes soient proclamés, il faut qu'ils passent dans les lois.

La Liberté, l'Égalité et la Fraternité formeront la base de la Constitution et des Lois françaises.

La liberté absolue, pour un seul ou plusieurs, n'est autre

chose que la tyrannie sur les autres. Toute liberté a ses limites ; c'est à la loi de les fixer et de prescrire les peines applicables à ceux qui les franchiront.

L'égalité, jusqu'ici, n'a été qu'un vain mot. La Charte de la monarchie disait : *Les Français sont égaux devant la loi ;* mais la plupart étaient trop ignorants ou trop pauvres pour arriver *devant la loi,* et la richesse avait mille moyens de faire triompher d'injustes prétentions. Un homme venait demander justice : « Combien pouvez-vous dépenser ? lui disait l'avoué ; êtes-vous à même de consigner 1,000 ou 2,000 francs ?—Non. — Eh bien ! retirez-vous, et souffrez sans vous plaindre les calomnies, les vols, les mauvais traitements ; il n'y a pas de justice pour qui n'a pas d'argent.—Mais on dit qu'elle est gratuite? — Sans doute, le juge ne reçoit rien ; mais le timbre, l'enregistrement, le greffe, l'huissier, l'avocat et mes confrères perçoivent quelques droits. » La justice était donc coûteuse et hors de la portée du plus grand nombre ; et que de lenteur, que d'actes inutiles, que d'inimitiés tenues en éveil entre les familles !—La justice ne sera pas gratuite tant que les huissiers, les greffiers, le comité des avoués et celui des avocats ne seront pas rétribués par la Nation. On infligera une amende à la partie qui aura intenté ou soutenu une action mal fondée.

La Charte disait encore : *Les Français sont tous également admissibles aux emplois civils et militaires.* Quelle ironie ! Pour être admis aux emplois, il fallait de l'instruction, des diplômes, des cautionnements, etc.; et pour avoir de l'instruction, il fallait être riche. Le pauvre était donc à tout jamais exclu des emplois, parce que dès l'âge le plus tendre, il devait travailler pour vivre : heureux encore si le labeur du jour lui fournissait le pain du jour. Quels que fussent ses désirs et ses dispositions, il ne pouvait pas même fréquenter l'école primaire. Et combien, s'ils avaient eu le moyen d'acheter des livres, de payer des mois d'école et de pension, seraient devenus des Descartes, des Corneille, des Bossuet, des Voltaire, des Mirabeau !

Et la fraternité ! on n'en trouve de trace nulle part. Ce mot rappelle la sympathie, le dévoûment, la famille, — et l'État n'est qu'une grande famille. La fraternité doit saper dans leur base l'égoïsme et la corruption, et renverser cette odieuse maxime : *Chacun pour soi, chacun chez soi.* Il faut désormais plus que de la pitié pour les malheureux.

———————

Il est deux lois d'une extrême importance, et dont l'Assemblée nationale s'occupera sans doute en même temps que de la Constitution : l'organisation de l'Instruction et l'organisation du Travail. Pour nous, la seconde n'est qu'un corollaire de la première.

La République est le droit, la raison, la justice et la force; c'est une foi nouvelle, une religion nouvelle qui vient détruire le culte des intérêts privés et des idées serviles, pour mettre à leur place le culte de la Patrie, l'amour de ses semblables, et toutes les vertus qui ennoblissent et sanctifient l'homme. L'ouvrier et le paysan sont devenus citoyens. Cette qualité leur impose des droits et des devoirs; il faut qu'ils les connaissent pour les exercer et les accomplir. On ne saurait être trop éclairé, trop prudent, quand on fait acte de souveraineté et qu'on peut, par son vote, compromettre le salut de l'État.

L'ignorance est le jouet de l'intrigue.

L'ignorance est l'une des principales causes de la misère, et la misère bouleverse les empires.

La République n'apparaîtra calme et sereine que lorsque les populations seront instruites et régénérées ; c'est donc pour elle une obligation immédiate d'enseigner, comme pour les citoyens un devoir d'apprendre.

L'organisation du travail est une question brûlante. Nous pensons qu'elle ne peut pas être résolue sur les principes émis jusqu'à ce jour par ceux qui l'ont soulevée.

L'État ne saurait être seul et unique cultivateur, industriel et marchand. Les hommes, quelle que soit la difficulté de vivre ailleurs ou autrement, ne se laisseront pas mener et parquer comme un troupeau de moutons.

La liberté est le plus précieux des attributs de l'homme;

la liberté, c'est le travail à sa guise, c'est la concurrence, c'est le progrès. Que l'on réprime les abus de la concurrence, mais qu'on n'essaie pas de la détruire.

Si on diminue les heures de travail, les salaires diminueront forcément dans la proportion.

Les salaires s'élèvent et s'abaissent selon les commandes, les besoins de la consommation, la fréquence ou la rareté des ouvriers. — Il n'est pas au pouvoir de l'État, ni des maîtres, ni des ouvriers de les rendre fixes.

L'ouvrier plus intelligent et plus habile a droit à un plus fort salaire pour la même durée de travail.

Personne ne peut être forcé de faire travailler à perte.

Toute suspension de travail est une perte pour l'État.

Quiconque, dans les circonstances difficiles, peut travailler ou fournir du travail et ne le fait pas, est coupable envers la Nation.

Le droit au travail est sacré ; il ne peut être interdit à personne, pas même en prison, pas même au couvent.

Pour la plupart des professions, les ouvriers sont trop nombreux, surtout dans les grands centres de population.

Même en temps prospère, lorsque la société est tranquille et sans crainte sur l'avenir, que les ressorts du crédit sont tendus et que la consommation a pris tous ses développements, des ouvriers manquent d'ouvrage, se pressent aux portes des ateliers et acceptent, s'ils ne proposent eux-mêmes, des réductions de salaire, et ils accusent leur sort, leur condition.

Au moindre évènement, une faillite, une découverte, une nouvelle machine, une modification à un tarif de douane, une récolte moins belle, etc., les plaintes et les souffrances augmentent.

Mais dans les crises sociales, dans un bouleversement politique, une foule considérable d'hommes, de familles se trouvent sans ouvrage et sans ressource.

Faut-il les laisser mourir de faim ?

C'est un devoir pour l'État de leur venir en aide, non par l'aumône qui avilit et ruine, mais en leur procurant du travail.

Il le peut, soit en appuyant de son crédit, moyennant de sérieuses garanties, des établissements qui les occupent, soit en les recevant dans des ateliers nationaux, où ils embrasseront une autre profession, si la leur n'y est pas établie, ou s'ils la reconnaissent trop ingrate.

Mais l'État va ainsi s'emparer de toutes les professions et écraser de sa concurrence toutes les industries privées? — C'est là une crainte chimérique. Nous soutenons qu'il ne le pourrait pas quand même il le voudrait.

Son rôle se borne à *garantir l'existence par le travail*.

Il veille à ce que les bras ne manquent pas à une industrie, tandis qu'une autre en laisse d'inoccupés; à ce que l'agriculture ne soit pas abandonnée pour de trompeuses espérances, et il renvoie aux établissements privés, dès qu'ils peuvent se r'ouvrir ou s'agrandir, les travailleurs qu'il a sauvés de la faim pendant les mauvais jours.

La discipline des ateliers nationaux doit être sévère.

Les prix du travail y seront inférieurs aux cours réels. Les produits seront consommés par l'État ou vendus, en évitant de faire concurrence aux particuliers.

Pourquoi les ateliers sont-ils encombrés de travailleurs, quand l'agriculture manque de bras?

C'est que l'agriculture est pénible, pauvre, dédaignée, sans honneurs. Aussi le fils du cultivateur veut être menuisier, ou bottier, ou tailleur,... parce que celui-ci travaille à l'abri et à l'ombre, gagne une meilleure journée et porte des vêtements plus propres. Il sort gai et envié du village, et, peu souciant, court le risque de manquer un jour de pain en manquant d'ouvrage.

Allégez les charges du cultivateur, éclairez, secondez et honorez ses travaux; donnez des récompenses, un bout de ruban à ceux qui ont perfectionné ou accru les produits.

Il est une classe malheureuse entre toutes : les vignerons, qui, de l'aube au crépuscule, par le froid, la pluie ou sous un soleil ardent, remuent sans cesse de leurs pesants outils une terre boueuse ou durcie. Ils jalousent le sort du laboureur qui a encore des jours de trève et mange du pain de blé. Ils paient tous les genres d'impôt, et, en outre, un droit spécial, énorme, qui frappe sur leur vin et les empêche de le vendre. — Le vin, pas plus que le blé, n'est une marchandise de luxe ; c'est un aliment comme le blé. Il est juste et nécessaire de supprimer cet impôt. Sans doute, il faut des revenus à l'État ; mais l'humanité veut qu'il n'en prélève pas de spéciaux sur les plus malheureux et les plus indigents.

Détruisez la misère dans les campagnes, et elle ne viendra pas dans les villes écrire sur son drapeau : *Vivre en travaillant ou mourir en combattant.*

Là est le mal, là doit porter le remède.

Nous allons, guidés par les principes d'Égalité et de Fraternité, exposer rapidement nos vues sur l'éducation, l'instruction morale, scientifique et professionnelle, et sur l'organisation du travail. Nous serons heureux si nous avons aidé, soit directement, soit en provoquant des idées plus justes, à résoudre ces importantes questions d'où dépendent, en grande partie, l'avenir et le bonheur de la France.

L'éducation et l'instruction seront gratuites, à tous les degrés, dans la République française.

Il y aura des Crèches, des Salles d'asile et des Écoles primaires dans chaque commune ;

Des Écoles, des Fermes, des Ateliers et des Asiles d'invalides dans chaque arrondissement. Ces Fermes et ces Ateliers serviront aussi d'écoles d'apprentissage ;

Des Lycées de département,

Et des Écoles supérieures.

La Nation doit à tous l'éducation des Crèches et des Salles d'asile à défaut de l'éducation maternelle ; l'instruction primaire, et tous, sont dans l'obligation de la recevoir ; l'apprentissage d'une branche d'agriculture, et s'il y a lieu, d'une profession, ou l'instruction des écoles d'arrondissement.

Elle doit aux plus intelligents des élèves d'arrondissement l'instruction des lycées ;

Aux plus aptes des élèves des lycées, l'instruction des écoles supérieures ;

Et aux plus capables, les emplois.

Les listes de capacité seront établies à chaque degré par les élèves eux-mêmes.

Dole, 12 avril 1848.

DES CRÈCHES.

La fraternité doit commencer au berceau, grandir avec l'homme, et ne s'éteindre que dans la tombe.

Tous les enfants nés sur le sol de la République ont des droits égaux, qu'ils soient orphelins, délaissés, pauvres ou riches.

L'idée des crèches est venue à deux membres d'un comité d'Instruction primaire à Paris, en voyant quatre ou cinq berceaux confiés à la garde d'une femme pauvre, par des mères obligées d'aller, loin de leurs demeures, travailler à la journée ou à la tâche, pour gagner leur vie et celle de leurs familles. — La première crèche fut établie à Chaillot, il y a deux ans, sous le patronage de Dames respectables.

Cette institution est éminemment utile, fraternelle et républicaine ; elle réclame, au même degré que les salles d'asile, l'attention et les bienfaits du gouvernement.

Les communes, exonérées des traitements de l'instituteur et de l'institutrice, mis désormais à la charge de l'Etat, peuvent fournir des appartements pour les crèches et les salles d'asile, et donner une rétribution convenable aux Dames directrices. — Si une commune n'était pas à même de payer ces traitements, les mères devraient, à tour de rôle, consacrer un jour à la garde des enfants.

Il faut au moins une crèche par commune. Elle reçoit les enfants de la naissance à deux ans.

Les berceaux y sont apportés chaque matin. Les mères viennent allaiter et changer leurs enfants quand il leur plait, et elles peuvent, dans les intervalles, vaquer sans inquiétude à leurs occupations.

Que la mère robuste ne refuse pas le sein à l'enfant de la mère affaiblie ou malade.

Que toutes les mères nourrissent l'enfant orphelin.

Que la femme qui a perdu son enfant vienne donner le sein aux fils de ses compagnes.

La commune doit fournir des layettes et des nourrices, lorsqu'elles manquent et sont nécessaires.

Ne repoussez pas la jeune fille devenue mère par séduction. C'était un indigne préjugé d'attacher la honte à son front et de lui enlever, par le dédain, les derniers lambeaux de sa pudeur. Reportez vos mépris sur le vrai coupable, sur celui qui a mis le trouble et le désespoir dans une famille ; qu'il soit condamné à une forte amende s'il n'épouse sa victime.

Quand la fille-mère ne sera plus regardée comme criminelle, elle aimera son enfant, et loin de le tuer, elle ne voudra pas s'en séparer.

Fortifions l'esprit, les liens de la famille ; rappelons-nous que l'homme est faible et peut tourner au vice quand il n'est pas soutenu par des affections qui bravent les circonstances.

Supprimons ces hospices d'enfants trouvés, écoles de parias, voués à la misère et au bagne. — Assez longtemps les philanthropes, les électeurs à 200 francs, leur ont mesuré la vie et nous ont attristés par des statistiques et des discussions déplorables.

Les Crèches sont sous le patronage de toutes les mères de famille. Un registre indique les visites et les dons qu'elles reçoivent. Personne n'est tenu de profiter de leurs bienfaits. Heureuses les mères qui peuvent avoir sans cesse leurs enfants sous les yeux !

Dole, 11 *mai* 1848.

DES SALLES D'ASILE.

Dans les communes rurales, les mères de famille sont absorbées par les travaux du ménage, des vignes ou des champs ; — dans les villes, beaucoup fournissent leurs journées à l'industrie ou au commerce, — et les enfants sont délaissés pendant de longues heures sans soins et sans surveillance.

Chaque commune doit avoir au moins un asile.

Les enfants des deux sexes y seront admis de l'âge de deux ans à six ans.

Ils y recevront les soins maternels et les premiers principes de morale, de chant, de lecture, de calcul verbal et de travail manuel.

La Directrice devra leur montrer une sollicitude égale et constante, un dévoûment à toute épreuve, une douceur inaltérable. Tous ses efforts tendront à

Fortifier le corps, former le cœur et préparer l'intelligence,

Et à faire aimer Dieu, la patrie et ses lois, les parents et leurs ordres, les hommes et leurs droits.

Éloignez de l'oreille des enfants les vains récits, les mythes, les fées, les monstres et les revenants.

Chassez de leur cœur la vanité. Qu'ils ne se croient pas supérieurs aux autres parce qu'ils sont mieux vêtus, ou plus beaux, ou plus forts, ou plus intelligents.

Qu'ils sachent de bonne heure que le mérite ne consiste que dans l'accomplissement des devoirs et dans le bien que l'on fait à ses semblables.

Les enfants peuvent être amenés dès le matin à l'Asile, et ils doivent être repris le soir.

Ils sont nourris et vêtus par leurs parents, sauf les cas de pauvreté et d'abandon qui les mettraient à la charge de la commune.

Le traitement de la Directrice sera d'au moins 200 francs. Elle aura son logement dans l'Asile.

On n'exigera pas que les communes construisent un édifice spécial ; les enfants de nos cultivateurs et de nos ouvriers n'ont pas besoin de palais ; une chaumière, deux chambres sèches et aérées, une petite cour et un petit jardin leur suffiront.

— L'ameublement sera simple : une estrade, des bancs, un buffet, une fontaine et des baquets, des tableaux noirs et des ardoises, des matériaux et des outils de travail.

Le loyer et l'entretien de l'Asile et le traitement de la Directrice, ne coûteront pas, dans les petites communes, plus de 300 francs par an.

Les Asiles, comme les crèches, seront sous le patronage des Dames de la commune ; ils pourront recevoir des dons et des legs.

DES ÉCOLES COMMUNALES.

Sous une Monarchie, il n'est pas nécessaire que l'homme soit raisonnable, instruit, vertueux ; il est conduit par la coutume et des ordres supérieurs, maintenus par la force, corrigé par la prison et le bagne, et au besoin, détruit par l'échaffaud.

Dans une Démocratie, il s'appartient, il est libre, souverain ; et pour qu'il n'abuse pas de sa liberté et de sa souveraineté, il faut qu'il connaisse ses droits et ses devoirs, qu'il puisse distinguer le vrai du faux, le juste de l'injuste, le possible de l'absurde, ses amis de ses ennemis.

La République oblige l'homme à de grandes vertus : franchise, dévoûment, honneur, probité ; énergie dans le travail et dans l'accomplissement des devoirs.

Sous une République, bien plus que sous une Monarchie, l'homme qui a failli par ignorance ou par besoin peut faire remonter sa faute au gouvernement.

Moraliser et instruire sont donc le premier devoir de l'État, qui ne saurait s'en décharger ni sur la famille, ni sur la commune, auxquelles la volonté ou les moyens peuvent manquer.

Si le peuple est moral et instruit, la France est calme, riche, honorée, brillante au-dedans et au-dehors, et plus invincible qu'avec quatorze armées ; toute prétention au pouvoir monarchique, à titre d'héritage ou de génie, tombe sous le ridicule ou le mépris. Si le peuple, au contraire, reste dans l'ignorance, il est livré à la superstition, à l'intrigue, aux folles espérances, aux passions de rêveurs insensés ou coupables.

Aujourd'hui le Gouvernement, l'État, la Nation, c'est nous, c'est tout le monde. L'État a donc le droit de diriger l'instruction, d'en formuler le programme selon les vérités et les intérêts généraux, et de la rendre obligatoire ; mais les pères de famille, les apôtres ou les sectaires de principes opposés à ceux de la Révolution, sont libres d'élever, à leurs frais, écoles contre écoles : seulement ces écoles seront ouvertes aux inspecteurs de l'État qui, en aucun cas, ne saurait permettre l'enseignement de doctrines serviles, immorales ou abrutissantes, et leurs disciples seront naturellement exclus de tous les services publics. La Nation ne favorisera jamais ce qui pourrait établir un schisme politique dans son sein.

L'instruction doit être intellectuelle, morale et professionnelle. Il ne suffit pas de savoir penser, il faut pouvoir et savoir agir. Tout système qui développe l'âme et l'intelligence au détriment du corps est faux.

Les personnes chargées de l'éducation et de l'instruction de la jeunesse devront posséder, à un haut degré, les vertus républicaines et avoir des connaissances étendues sur la morale, sur l'agriculture et sur l'histoire, le droit public et administratif de la France. Elles doivent être élevées à la dignité de magistrat, et recevoir un traitement qui leur permette une aisance modeste, une vie exempte de soucis matériels.

Il y aura dans chaque commune au moins une école de garçons et une école de filles.

Les enfants y seront admis de l'âge de six ans à onze ans.

Ils seront divisés en plusieurs classes.

Les parents ne pourront, sous peine d'amende, se dispenser de les y envoyer qu'en justifiant qu'ils les instruisent eux-mêmes, ou qu'ils leur ont donné d'autres maîtres.

La commune fournit : 1º les logements de l'instituteur et de l'institutrice et les salles de classe ; 2º les livres et objets d'étude et de travail aux enfants pauvres ; 3º le logement, la nourriture et les vêtements des enfants abandonnés.

L'État fournit à l'instituteur un traitement d'au moins 700 francs, et à l'institutrice un traitement d'au moins 400 francs.

Toute rétribution de la part des parents est supprimée et interdite.

Autant que possible, on mettra à la disposition de l'instituteur un jardin, une vigne ou un champ.

Les enfants ne seront tenus qu'à quatre heures de classe par jour, et le reste du temps, ils seront à la disposition de leurs parents.

De neuf à onze ans, les garçons apprennent : la lecture, l'écriture, la morale, le chant, l'arithmétique et la géométrie, les éléments de géographie et d'histoire, les principes de droit public, de botanique et d'agriculture (terrains, assolements, engrais...)

Les filles apprennent : la lecture, l'écriture, la morale, le chant, l'arithmétique, les éléments d'histoire et de géographie, la couture, le tricot et la broderie.

Les élèves formeront eux-mêmes, chaque semaine, à la pluralité des voix et par classe, la liste des places ou des capacités sur l'une ou l'autre des diverses branches d'étude, et tous les trois mois ils établiront la liste générale de leur classe par ordre de science et de mérite.

Ils pourront, à toutes les époques et sans distinction d'âge, monter ou descendre d'une classe dans une autre.

Il y aura des classes d'adultes.

Tous les dimanches, l'instituteur lira en public les lois importantes de l'État et développera quelques principes de morale.

Paris, 10 juin 1848.

ÉCOLES D'ARRONDISSEMENT.

ATELIERS ET ASILES NATIONAUX.

Notre système diffère déjà profondément de celui de la Monarchie ; il oblige les communes à établir des Crèches et des Salles d'asiles ; il élève l'instituteur à la dignité de magistrat ; il rend l'instruction primaire gratuite et obligatoire pour tous, et il soustrait, jusqu'à l'âge de onze ans, les garçons et les filles à l'*abandon* et à la *misère*, s'ils sont orphelins ou indigents, et à l'*abus* de la puissance paternelle du pauvre, qui, pressé par la faim, condamnait parfois ses enfants à des travaux au-dessus de leurs forces.

Ce sont là, sans doute, des améliorations importantes ; mais de plus grands devoirs sont imposés à l'État.

La faculté que le riche seul possédait de pouvoir payer la pension de ses fils dans les colléges et dans les écoles supérieures, de leur acheter des charges et des emplois, que souvent ils remplissaient mal, et de leur faire conférer des titres et des honneurs dont ils n'étaient pas toujours dignes, constituait un privilége que la Révolution de février veut anéantir.

Autrefois on disait : *Noblesse oblige* ; plus tard : *Fortune dispense*. Et, en effet, tandis que l'enfant du riche n'abordait l'étude qu'avec répugnance, il fallait arracher le livre des mains du jeune paysan pour le conduire à la vigne ou à la charrue. On cherchait en vain à exciter l'émulation du premier, et on était obligé de calmer les aspirations du second vers la science, parce qu'elles le détournaient du travail de la terre.

Ouvrez à deux battants les portes de l'instruction et de la science aux fils de nos cultivateurs et de nos ouvriers, et ils s'y précipiteront avec ardeur ; avancez-leur du pain, des livres et des maîtres, et ils vous rendront la paix, la justice, la richesse et la gloire ; laissez parvenir dans les sommets de la société le zèle, le talent, l'abnégation, et la France, déjà si grande et si belle, verra les nations se courber à ses genoux.

Mais tous les enfants ne peuvent pas arriver à la magistrature, à l'administration, aux arts, aux sciences, aux professions libérales ; il faut choisir de degré en degré les plus capables, et ensuite parmi les plus capables les plus aptes.

Puis, ceux qui ne se trouvent pas au nombre des élus, n'en ont pas moins des droits à la sollicitude de l'État ; on leur doit même, au degré inférieur, d'autant plus d'égard et de soins, qu'ils seraient plus faibles et plus dénués de ressources.

La République, par l'instruction primaire, les a tous initiés à la vie intellectuelle ; *elle garantit l'existence de tous par le travail.* Ce dogme, ce décret si humain et si juste, recevra son application ; s'il en était autrement, il n'y aurait que souffrance, inégalité et désordre ; les troubles succéderaient aux troubles, et les révolutions aux révolutions.

Donc 1° l'État doit l'enseignement secondaire et supérieur aux plus capables ;

2° Il doit enseigner le travail aux enfants pauvres ;

3° Il doit fournir du travail à ceux qui en manquent ;

4° Il doit un asile et du pain à ceux qui ne peuvent pas travailler.

Voilà le problème social réduit à sa plus simple expression ; si l'on y ajoute la modification des lois d'octroi et de douane et des institutions de crédit agricole, on aura satisfait aux justes réclamations des travailleurs.

Des économistes ont dit : « Le mal vient de la liberté de « l'homme ; il veut par trop être indépendant, maître, pos- « sesseur, propriétaire ; de là l'égoïsme avide, le morcelle- « ment de la terre, la lutte des intérêts, les piéges de la con- « currence, l'abaissement et la destruction du faible par le « fort, du pauvre par le riche. — Il ne nous est pas pos-

« sible de nier la liberté, ni de l'anéantir ; mais il y a dans
« l'homme un sentiment, une passion que nous pouvons lui
« opposer : *la sociabilité*. Développons ce sentiment, et prou-
« vons à l'homme que par l'association, tout en demeurant
« libre, il supprimera ses souffrances et décuplera sa richesse
« et ses joies. » Ils ont parlé et prouvé, mais leur voix s'est
perdue dans le désert. Ils voulaient réunir plusieurs propriétés
en une seule, plusieurs familles en une seule ; et sous leurs
yeux, parmi leurs adeptes, les héritages se partageaient, les
familles se subdivisaient, la jeune femme quittait sa mère
pour suivre son mari, et le jeune homme abandonnait le
toit paternel pour aller fonder une nouvelle famille dans le
travail et les privations, tant le principe d'indépendance l'em-
porte sur le besoin de sociabilité et de bien-être.

D'autres, exaspérés par les souffrances du pauvre, ont
voulu tout courber sous le niveau de l'égalité, et ils ont blas-
phémé en disant : « La liberté est un vain mot ; le droit de
« premier occupant, le droit de jouir des fruits de son travail
« sont des fictions ; la propriété est un vol ; la terre n'est à
« personne, et ses fruits sont à tous. Il n'y a pas d'autre
« droit que celui de vivre. Que l'Etat seul soit maître, et à
« chacun selon ses besoins. »

Ce n'est pas là une doctrine, c'est la négation de tout principe et de toute vérité ; ce sont des imprécations, des cris de
désespoir.

L'homme est libre ou esclave : s'il est libre, il peut posséder et jouir en toute indépendance ; s'il est esclave, il n'a
aucun droit, pas même celui de vivre ; il est irresponsable ;
il n'a ni mérite, ni démérite, ni vertu, ni dignité.

Prenons l'homme tel qu'il est, libre et sociable, et reconnais-
sons que l'association est bonne, et que la liberté a ses limites.

Voici la solution que nous donnons au problème :

Mais il faut d'abord déblayer le terrain.

Des colléges existent dans presque toutes les villes de France
et occupent, pour la plupart, de vastes bâtiments qui restent
à peu près déserts, car beaucoup ne comptent pas cinquante
élèves, et n'en ont pas moins des professeurs et un personnel

nombreux et fort coûteux. Ce serait une erreur de croire que ces petits colléges forment des élèves d'autant plus capables, que les maîtres ont plus de temps à donner à chacun ; il n'en sort au contraire que des élèves médiocres, parce que, dans cette demi-solitude, professeurs et disciples manquent d'émulation.

Il eût été possible de faire une économie de 60 à 75 pour $^o/_o$ sur le loyer et le personnel, en réunissant quatre de ces colléges en un seul ; cela même eût été un bien pour les élèves ; mais les villes ne l'auraient pas voulu à cause de la facilité qu'avaient les habitants de faire instruire leurs fils sans grands frais, en les gardant chez eux, et aussi pour des motifs moins relevés : l'octroi et le commerce local. — Nous supprimons les colléges, et les villes ne s'en plaindront pas, car nous les remplaçons par des écoles mieux peuplées et qui ne coûteront rien aux parents.

Les colléges, du reste, ne sont pas compatibles avec notre projet : puisque tous les enfants restent dans les écoles primaires jusqu'à onze ans, il est inutile d'avoir des établissements qui les reçoivent dès l'âge de sept ou huit ans, et l'instruction universitaire n'est plus celle qui nous convient ; il vaut mieux connaître la langue, l'histoire, les lois et les arts de sa patrie, que ceux de peuples ensevelis depuis vingt siècles. — Et qu'on ne se hâte pas de crier au vandalisme ; les Latins et les Grecs se retrouveront ailleurs.

Il sera établi dans chaque chef-lieu de sous-préfecture :

1° Une École d'arrondissement ; 2° une Ferme ou Vignoble modèle ; 3° des Ateliers de travail ; 4° un Asile d'invalides.

Ces établissements seront réunis ou le plus rapprochés possible, et assez vastes pour recevoir les élèves, les apprentis, et, à toute époque, les ouvriers sans travail ou invalides.

Ils seront sous l'autorité d'un Commissaire d'État, qui prendra le titre de Commissaire de l'Instruction et du Travail.

Il y aura un Caissier général, un Inspecteur général, un Chapelain, un Médecin et un Chirurgien.

L'Ecole aura trois Professeurs :

1° Littérature française, morale et philosophie, et éléments d'une langue vivante (allemand, anglais, italien ou espagnol, selon la contrée).

2° Géographie, histoire, statistique, constitution et droit public.

3° Arithmétique et géométrie (mesurage, arpentage, cubage); principes d'algèbre, de physique, de chimie, de botanique et d'agriculture (théorie des climats, des terrains, des assolements, des engrais...).

Des Maîtres de dessin, de musique et d'armes seront attachés à l'École.

L'un des Professeurs sera chargé de la direction et de l'économat.

Les Ateliers comprennent les principales industries de la contrée et toutes les professions nécessaires : boulanger, tisserand, tailleur, menuisier, serrurier, maréchal-ferrant, etc.; cuisinière, blanchisseuse, couturière, brodeuse, etc.

Chaque Atelier est tenu par un Chef-ouvrier-comptable-directeur.

Il y a une Institutrice, chargée de la surveillance des Ateliers de femmes.

Tous ces employés reçoivent des traitements de l'État.

Seront admis à l'École d'arrondissement :

1° La dixième partie des élèves garçons, âgés de onze ans, de toutes les écoles communales (28,000 par an) (1).

(1) D'après la Statistique, il naît en France, chaque année, 800,000 enfants,

dont il reste,
après 1 an,   677,600 } admissibles dans les Crèches,   1,477,600

    2 ans,   644,700 ⎱
    3   624,600 ⎰
    4   611,400 } *idem*   aux Salles d'asile,   2,482,600
    5   601,900 ⎰

    6   594,500 ⎱
    7   588,100 ⎰
    8   582,800 } *id.* aux Écoles primaires,   2,918,200
    9   578,300 ⎰
   10   574,500 ⎰

A cet effet, les listes de mérite, établies par les enfants de onze ans, seront transmises par les maires au Commissaire de l'instruction et du travail, qui convoquera devant le Comité d'examen le premier tiers de chaque liste. Le Comité prononcera l'admission des plus capables.

2° Les enfants que les parents voudraient y faire entrer en payant la pension et le trousseau.

Les élèves élus sont logés, nourris et entretenus aux frais de l'État.

Seront admis dans les Fermes et Ateliers nationaux :

1° Comme apprentis, tous les enfants des deux sexes, âgés de onze ans, que les Conseils municipaux auraient désignés sur les listes de mérite comme dénués de ressources, et qui n'auraient pas été engagés par des établissements particuliers.

Et ceux pour lesquels les parents en auraient fait la demande.

2° Comme ouvriers, tous les individus qui viendraient y réclamer de l'ouvrage.

Seront admis à l'Asile des invalides, les ouvriers des deux sexes privés de moyens d'existence, et que l'âge, des accidents ou des infirmités rendraient incapables de gagner leur vie.

Les frais d'acquisition, de création, les fournitures d'outils, de matières premières, et toutes les *avances nécessaires*, sont à la charge de l'État.

L'État peut acquérir, au comptant ou à terme, à l'amiable

11	571,200	{ 15731e garçons, =276,400, dont 1710° aux Écoles d'arrondissement; chiffres ronds . . . 28,000	
12	568,700	{ de 1721e à 1720e, 28,000	84,000
13	566,200	{ id. 28,000	
	Etc.		

ou par expropriation définitive ou temporaire, les meubles et les immeubles. Il peut les prendre à ferme ou à loyer. Il peut faire appel aux villes, aux souscriptions, aux actions.

———

Un réglement général statuera sur les attributions du Commissaire et des Directeurs, et sur les relations des ateliers entr'eux et avec la Ferme, l'École et l'Asile.

Les élèves de l'École fréquentent les ateliers et mettent la main à l'œuvre ; les plus capables d'entre eux sont chargés alternativement des classes d'adultes, ouvertes aux ouvriers et aux apprentis ; ils fréquentent la Ferme, et reçoivent, sur le terrain, les leçons de botanique, d'agriculture et de géométrie pratique.

Les invalides eux-mêmes visitent les ateliers, se rendent utiles, enseignent les jeunes gens.

Les apprentis peuvent passer d'un atelier dans un autre avant de se fixer. Ils feront leur choix dans le cours de la première année, après avoir consulté le Commissaire d'État et obtenu l'approbation de leurs parents.

Le Commissaire veillera à ce que certaines professions, moins pénibles ou plus agréables, ne soient pas encombrées d'apprentis, ce qui amènerait tôt ou tard des chômages et une perturbation.

Tout individu devra connaître au moins une branche d'agriculture.

L'agriculture est déclarée la plus noble et la plus honorable de toutes les professions.

Les cours d'étude et l'apprentissage durent trois ans (11-14).

Il y aura chaque mois des concours où les élèves, les apprentis et les ouvriers établiront eux-mêmes les listes de mérite.

———

Chaque atelier forme une famille, quels que soient les membres qui le composent : ouvriers à demeure, apprentis, ouvriers temporaires.

Il en est de même de la Ferme, de l'École et de l'Asile.

Toutes les ventes ou acquisitions, même celles qui concernent l'École et l'Asile, sont faites au nom des ateliers nationaux, mais inscrites sur les livres du caissier général, au crédit ou au débit de la famille qui en profite. — Rien n'entre, ne sort, n'est reçu ni donné, sans être ainsi enregistré après évaluation. Cette règle est applicable même aux échanges entre les familles.

En outre, chaque Directeur de famille tient un livre d'entrée et de sortie des matériaux, denrées, marchandises, de débit et de crédit de chaque ouvrier ou apprenti, et de chaque famille avec laquelle il est en relation.

Le débit de l'ouvrier et de l'apprenti se compose de sa pension, des remises d'effets ou d'espèces qui lui seraient faites, selon son crédit, pour son usage personnel, et des amendes ou des dégâts imputables qu'il commettrait.

La pension est fixée par jour, en deux chiffres seulement : homme, — femme. — Tous auront la même table.

Les ateliers pourront admettre des ouvriers non logés dans l'établisssement.

Le crédit de l'ouvrier et de l'apprenti se compose du prix de son travail à l'année, au mois, à la journée ou à la tâche, de ses économies, de ses récompenses et de sa part de bénéfices.

Pour ne pas entraver les industries particulières et prévenir l'encombrement des ateliers nationaux, les salaires seront inférieurs d'un cinquième aux prix ordinaires des lieux.

Le prix de la journée sera proportionnel, c'est-à-dire en rapport avec la besogne effectuée. (Un ouvrier charron qui gagnerait 3 fr. chez un particulier, n'a droit qu'à 3 fr. moins 1/5e, soit 2 fr. 40 c. dans l'atelier national ; mais ce chiffre est augmenté si l'ouvrier est plus habile, et diminué, s'il est moins adroit ou moins actif qu'un travailleur ordinaire.)

Les difficultés qui s'élèveraient sur les prix de journée, etc., seront décidées, sans aucune forme judiciaire, par quatre ouvriers, dont deux au choix du Directeur et les deux autres au choix du plaignant, sous la présidence de l'Inspecteur, ayant voix délibérative. — On pourrait en appeler au Commissaire d'État , assisté de quatre Directeurs choisis de la même manière.

A la fin de l'année , chaque Directeur fera son inventaire , comprenant toutes les recettes et toutes les dépenses. Les meubles, denrées, approvisionnements, matériaux et marchandises sont évalués et figurent aux recettes.

Les familles sont solidaires entr'elles.

Mais les dépenses d'organisation et d'entretien de l'école et de l'asile sont déduites et laissées à la charge de l'État. — Les services que les élèves et les invalides rendent à la ferme ou aux ateliers sont gratuits.

L'intérêt de 4 pour $0/0$ du capital d'organisation, les loyers et les dépenses d'entretien et de salaire (moins l'école et l'asile), sont à la charge des professions ou familles , sous la garantie de l'État.

Ces sommes prélevées , s'il reste des bénéfices, ils sont partagés au centime le franc entre l'intérêt du capital, le montant des loyers et les traitements , gages et salaires de la ferme et des ateliers.

Ne seront pas admis au partage , les ouvriers qui auraient passé moins de trois mois dans l'établissement , et ceux qui se seraient fait renvoyer pour inconduite.

Paris, 1er juillet 1848.

DES LYCÉES.

Il y aura un lycée par département.

Seront admis au lycée : 1° Aux frais de l'État, le quart des élèves, âgés de quatorze ans, qui sortent chaque année des écoles d'arrondissement ($1/4$ de 28,000 == 7,000).

À cet effet, les listes de mérite seront transmises par les Commissaires d'études au Directeur du lycée, qui convoquera devant une commission d'examen tous les élèves portés sur la première moitié des listes ;

2° Aux frais et sur la demande de leurs parents, ceux qui, âgés de treize à seize ans, n'ont pas été élus au concours, mais qui justifient avoir reçu l'instruction des écoles d'arrondissement.

Les frais de voyage des élèves convoqués à l'examen sont à la charge de l'État.

Les cours des lycées durent cinq ans. Ils comprennent :

1° La littérature française, la langue d'un peuple voisin, les langues latine et grecque ;

2° La géographie, l'histoire et la statistique ;

3° Les mathématiques élémentaires et spéciales, la physique et la chimie ;

4° La philosophie et la morale ;

5° Les éléments de droit public et administratif français.

L'étude du dessin, de la musique et le maniement des armes sont obligatoires.

Les élèves peuvent être envoyés d'un lycée dans un autre ; ils sont internés.

Dans les classes, ils sont divisés en deux camps, et chacun a son émule.

Les élèves établissent tous les mois, au concours et avec l'assistance des professeurs, les listes de capacité et de mérite.

La dernière liste de chaque année d'étude est publiée dans les journaux, et chaque élève reçoit un certificat constatant le rang qu'il a obtenu et le nombre de ses condisciples.

Le baccalauréat est supprimé.

Les académies sont supprimées.

DES ÉCOLES SPÉCIALES.

Il sera établi, par contrée, au nombre de quinze, des Ecoles spéciales d'agriculture, arts et métiers.

Chaque École sera sous l'autorité d'un Gouverneur.

Il y aura :

Un Caissier-comptable,

Un Aumônier,

Six Directeurs-professeurs :

1° Céréales, prairies ;

2° Vignobles, forêts, jardins ;

3° Bestiaux, troupeaux, volailles. (Le Directeur est vétérinaire.)

4° Métaux ;

5° Bois, pierre, poterie ;

6° Lin, chanvre, laine et soie,

Et des Chefs d'ateliers.

Les cours dureront trois ans.

Chaque École recevra deux cents élèves, choisis au concours dans les Écoles et les Ateliers d'arrondissement du ressort.

Les élèves seront logés, nourris et entretenus dans l'établissement, mais à leurs frais. Ces frais seront prélevés sur leurs salaires.

Les ouvriers, désireux de s'instruire ou manquant d'ouvrage, pourront être admis dans les Écoles spéciales ; mais ils supporteront, dans leurs salaires, une réduction de $1{\rm [}5^e$ sur les prix ordinaires des lieux.

Aucun élève ne sera dispensé des travaux d'agriculture.

Les élèves, à leur sortie, seront placés, d'après les besoins et suivant les listes de mérite, dans les Fermes et Ateliers d'arrondissement.

DES ÉCOLES SUPÉRIEURES.

A l'avenir, personne ne sera admis aux fonctions d'instituteurs, ni aux écoles polytechnique, ecclésiastique, de droit, d'administration, de médecine, des forêts, des beaux-arts, normale des lettres et des sciences, navale et spéciale militaire, qu'en justifiant de cinq années d'études dans un lycée, ou d'un concours heureux avec les élèves de cinquième année.

Auront le choix entre ces fonctions et ces diverses écoles, les élèves sortant des lycées et inscrits sur la première moitié des listes de mérite.

Ils seront admis de droit et sans examen, si les options ne dépassent pas les places libres et les besoins du service.

Dans le cas contraire, il sera procédé à un concours d'élimination.

Les élèves éliminés pourront faire choix d'une autre branche où il y aurait des vacances.

Si les besoins du service l'exigeaient, on établirait des concours sur le troisième quart des listes de mérite des lycées.

Les élèves reçus à ce concours sont, comme ceux de la première moitié des listes, à la charge de l'État.

On admettra des élèves payants.

Tous seront internés.

A la dernière année d'étude ; les listes de mérite des écoles supérieures seront publiées au *Moniteur*, et des certificats délivrés aux élèves.

Les emplois publics leur seront conférés en suivant l'ordre des listes. (On établira dans chaque arrondissement une pharmacie centrale, et dans chaque canton des médecins rétribués par l'État.)

Les écoles transcendantes d'astronomie, de géologie et de minéralogie, des chartes et de diplomatie, etc., se recruteront d'après les mêmes principes, dans les écoles polytechnique, normale des sciences, de droit et d'administration.

ÉVALUATION DES DÉPENSES ANNUELLES.

Instruction primaire. Nous avons mis à la charge des communes les crèches, les salles d'asile, les bâtiments et les fournitures scolaires, ainsi que l'entretien des enfants pauvres ou abandonnés. Il reste pour le compte de l'État :

40,000 instituteurs à 700 fr., . . .	28,000,000 fr.
40,000 institutrices à 400 fr., . . .	16,000,000 fr.
Écoles d'arrondissement, etc. Traitements des commissaires, caissiers, inspecteurs, etc.	2,000,000 fr.
Les bâtiments de l'école sont fournis par les villes, ...	»
Les traitements des professeurs sont compensés par la suppression des colléges, . .	»
28,000 élèves pour trois ans, = 84,000 à 500 francs , ...	25,200,000 fr.

Ateliers. Les traitements des directeurs sont très-faibles; ils compensent, pour eux, le sacrifice d'une partie de leur liberté et les devoirs d'ordre, de comptabilité, de surveillance et de réception ou de placement d'apprentis et d'ouvriers étrangers. Mais ces directeurs sont revêtus de fonctions importantes; leurs journées leur sont comptées à part, et ils ont la certitude d'un travail fructueux dans les limites rationnelles de la garantie de l'État . . . .   1,000,000 fr.

Les fermes et les ateliers, loin d'être une charge pour la nation, seront une source de revenus; ils servent de ports, d'abris contre les misères momentanées qui résultent de

A reporter. . . . 72,200,000 fr.

Report.   .   .   .   72,200,000 fr.

l'interruption ou de la suspension acciden-
telle de certaines branches d'industrie ; ce
sont des écoles où l'on apprend non-seulement
le travail, mais l'ordre, l'économie, la fraternité, l'association et la solidarité.

Il est impossible de les organiser à la fois
sur tous les points de la France, mais on
peut le faire chaque année dans une vingtaine
de chefs-lieux. Il n'est pas nécessaire d'ex-
proprier en grand et de construire des palais :
la ferme, l'asile et quelques ateliers peuvent
se placer près des villes, dans de vieux cloî-
tres ou dans des bâtiments de fabrique ou
d'exploitation ; peu importe que les terrains
achetés ou loués soient réunis, il en faut de
diverses espèces, et le Directeur de la ferme
devra se procurer, même à des distances éloi-
gnées, pour les mortes saisons, des travaux
de défrichement, de reboisement, d'endi-
guement, etc.

En attendant une organisation complète,
on traitera, autant que possible, avec des
établissements particuliers, pour qu'ils reçoivent les apprentis et les travailleurs sans
ouvrage.

Il convient que l'État affecte chaque année, à l'organisation des Fermes, Asiles et
Ateliers d'arrondissement et aux Écoles spéciales d'agriculture, arts et métiers, une
somme de .   .   .   .   20,000,000 fr.

Les apprentis ne coûtent rien à l'Etat.
Leur travail est évalué à la journée ou au
mois ; et s'ils redoivent la première année, ils
s'acquittent et gagnent dès la seconde.

A reporter.   .   .   94,250,000 fr.

Report. . . . 94,250,000 fr.

Asiles. Invalides, 60,000 à 200 francs, . 12,000,000 fr.

Le nombre des personnes privées de ressources, et maintenant incapables de gagner leur vie, dépassent 150,000 ; mais leur incapacité vient du dénuement et des privations. Avec le système d'égalité de salaire quotidien pour un même ouvrage, l'ouvrier actif et robuste était seul demandé, tandis que l'ouvrier encore capable, mais affaibli, était mis à l'écart; il désapprenait le travail et devenait mendiant, et une fois avili à ses propres yeux, il perdait tout espoir et toute énergie. Qu'on leur donne un logement, des vétements et une saine nourriture, et la plupart passeront de l'asile à la ferme ou aux ateliers, ressaisiront les outils et gagneront plus que leur vie.

Lycées. Professeurs et maîtres, . . . 1,700,000 fr.

Les bâtiments sont fournis par les villes. 7,000 élèves pendant cinq ans, = 55,000 à 350 francs, ... 12,250,000 fr.

350 francs doivent suffire par élève: les vétements et une grande partie des aliments leur viennent de la ferme et des ateliers de l'État, et coûtent bien moins cher que s'ils étaient pris chez des fournisseurs particuliers.

Écoles spéciales d'agriculture, etc. Traitements des Gouverneurs, Caissiers, Directeurs et Chefs d'ateliers, ... 450,000 fr.

Ecoles supérieures. 3,500 élèves, deux ans et demi, = 8,700 à 500 francs, ... 4,350,000 fr.

Écoles transcendantes. . . . . . . 500,000 fr.

TOTAL, . . 123,450,000 fr.

Cette dépense est considérable, mais c'est une dette d'honneur, une dette sacrée. Qu'on la vote, et le peuple aura confiance et courage ; il n'y aura plus de dissensions ni de partis; on aura assuré la paix et le bonheur de la France mieux que par des remparts, des flottes, des armées et des chemins de fer.

Ces idées sont les nôtres depuis longtemps, et nous avons constaté avec joie qu'elles étaient aujourd'hui celles de tout le monde. Il ne manquera pas d'hommes dévoués pour en réaliser l'application.

Quant à la dépense, on peut y faire face 1° Par des économies sur d'autres branches de service ;

2° Par l'établissement d'un droit de mutation de 1/2 pour °/₀ sur les rentes et sur les actions industrielles. C'est une erreur de croire qu'un pareil impôt nuirait au crédit de l'État ; il aiderait au contraire à son développement en créant des ressources importantes, détruisant le jeu et limitant l'agiotage. Le crédit d'une république n'est pas à la merci de quelques banquiers. Cet impôt est exigé par la morale.

3° En donnant une large part à l'État dans les successions ab-intestat, ascendantes et collatérales ; en lui attribuant la totalité des successions collatérales à partir du quatrième degré. Personne ne s'en plaindrait ; ceux qui recueillent ces successions n'y comptaient pas, et ils les regardent comme des faveurs du hasard;

4° En établissant des droits de mutation progressifs jusqu'à 50 pour °/₀ sur les legs au profit de parents éloignés ou de personnes non parentes ;

5° Par un impôt progressif sur le revenu résultant du travail, de l'industrie, de la propriété. Pourquoi l'ouvrier d'atelier, le commis de magasin ou de bureau, qui travaillent à l'ombre, ne contribueraient-ils pas sur leurs salaires, leurs gages, leurs traitements, aux charges de l'Etat qui frappent si lourdement sur les vignerons et les laboureurs ? — Cet impôt ne pourrait pas atteindre les revenus inférieurs à 200 fr. par tête dans chaque famille.

Sans doute, les impôts sont déjà fort lourds, et les augmenter, c'est, nous le savons, retirer encore des aliments aux ouvriers, au commerce et à l'industrie ; mais qui osera mur-

murer si le nouvel impôt a pour objet l'instruction et le travail, et pour conséquences la moralité, la paix intérieure, le bien-être et la richesse?

Il faudrait 150 millions pour acquérir les terrains et élever ou approprier les bâtiments nécessaires aux Fermes et aux Ateliers. Il serait juste de se procurer cette somme par un emprunt, car la dépense n'est pas faite seulement au profit de la génération actuelle, elle intéresse fortement et surtout l'avenir; mais, en ces temps de crainte et de défiance, l'emprunt serait impossible ou trop onéreux. Bientôt, nous l'espérons, on reconnaîtra que si 5 francs de rente, garantis par le royaume de France, ont valu 120 francs, ils doivent se payer au moins 150 francs lorsqu'ils sont garantis par le peuple Français.

On peut laisser au Gouvernement un délai de 10 ans pour l'exécution des mesures que nous proposons. Le peuple n'est pas un créancier farouche, il sait attendre et tient compte de tous les efforts que l'on fait pour le mettre en jouissance de ses droits.

Les Crèches, les Salles d'asile, les Écoles communales et les Asiles d'invalides n'admettent pas de retard. (60 millions.)

Viennent après : les Fermes, Ateliers et Écoles d'arrondissement; plus tard, les Lycées et les Écoles spéciales; enfin les Écoles supérieures.

L'épuisement du trésor, le défaut de ressources n'est pas en France une objection sérieuse à l'accomplissement d'un acte de justice, de réparation et d'avenir. La France, maîtresse d'elle-même, n'a jamais marchandé le bonheur de ses enfants; elle s'est élevée souvent jusqu'au sublime de la générosité et des sacrifices. Qu'on se rappelle la nuit du 4 août.

Appliquons loyalement, grandement, les principes d'Égalité et de Fraternité; plus de lois étroites, exclusives. Développons partout les sentiments généreux, et écrivons sur les drapeaux des ateliers et des campagnes cette devise morale et féconde :

Intelligence, Travail, Économie,

Paris, 11 juillet 1848.

www.ingramcontent.com/pod-product-compliance
Lightning Source LLC
Chambersburg PA
CBHW061118050726
47594CB00005B/1993